COUR D'ASSISES.

EXPOSÉ

DES FAITS JUSTIFICATIFS

POUR LE SIEUR BIDAULT.

COUR D'ASSISES.

EXPOSÉ

DES FAITS JUSTIFICATIFS

POUR LE SIEUR BIDAULT,

Éditeur responsable du Constitutionnel.

PARIS.

DE L'IMPRIMERIE DE BAUDOUIN FILS,
RUE DE VAUGIRARD, N° 36.

1820.

EXPOSÉ

DE FAITS JUSTIFICATIFS.

LA chambre d'accusation, saisie, le 10 mars dernier, de l'examen d'un passage du *Constitutionnel* du 23 février précédent, relatif à l'allégation de projets hostiles qu'aurait formés le parti qu'il nomme ultra-monarchique, rendit un arrêt qui contient les dispositions suivantes :

« Attendu qu'il résulte des pièces et de l'instruc-
» tion, prévention suffisante contre Bidault, édi-
» teur responsable, d'avoir, en insérant dans le
» *Constitutionnel* du 23 février 1820 le passage ci-
» desus, *provoqué excité à la guerre civile* en portant
» les citoyens *à s'armer les uns contre les autres*,
» ladite provocation non suivie d'effet, et consti-
» tuant le délit prévu par les articles 1 et 2 de la
» loi du 17 mai 1819, 2 et 10 de la loi du 9 juin
» de la même année, et 91 du Code pénal :
» Renvoie ledit Bidault devant la Cour d'assises,
» pour y être jugé conformément à l'article 13 de la
» loi du 26 mai 1819. »

Le 11 avril suivant, la Cour d'assises, malgré l'absence du défenseur de l'éditeur responsable, et sans avoir égard à la demande d'un délai de dix jours, porta un jugement par défaut, basé sur les dispositions de l'arrêt de renvoi, et condamna le sieur Bidault « à cinq ans d'emprisonnement *dans une* » *maison de correction*, et douze mille francs d'a. » mende, » c'est-à-dire, au *maximum* de la loi ; et encore est-on tenté de croire que la Cour a cru user d'in-

1

dulgence, si l'on considère que d'après l'art. 91 du Code pénal, cité dans l'acte d'accusation, Bidault pouvait être condamné à la peine de mort!!

Cette cause, soumise en ce moment à l'appréciation d'un jury qui formera sa conviction sur des débats publics, et sur une défense contradictoire dont rien probablement n'enchaînera la liberté, sera, je n'en doute point, suivie d'un honorable acquittement. Mon dessein n'est pas d'anticiper sur la discussion de l'audience, mais j'ai cru éviter à la Cour et à messieurs les jurés des recherches fastidieuses, souvent difficiles et cependant nécessaires, en plaçant sous leurs yeux une sorte de tableau comparatif des opinions du *Constitutionnel* et de celles de ses adversaires.

Mon but n'est certainement pas d'accuser ces derniers ni d'appeler sur eux une prévention que je veux écarter du *Constitutionnel*; mais, s'il est prouvé, par les rapprochemens que je vais présenter, que celui-ci a constamment apporté, dans le développement de ses principes et dans la discussion des intérêts généraux, une réserve et un désir de conciliation que l'on aurait souvent désirés dans les feuilles qui lui sont opposées; si son langage a toujours prêché plus que tout autre, l'union, l'amour de l'ordre, la soumission aux lois: comment a-t-il pu être exclusivement accusé, d'avoir *provoqué et excité à la guerre civile*, d'avoir voulu *porter les citoyens à s'armer les uns contre les autres* —? S'il est démontré, au contraire, qu'aux déclamations les plus furieuses des premiers, il n'a opposé que le langage de la modération; s'il n'a combattu des projets de vengeance que par un rappel constant aux règles de la justice, comment se trouve-t-il exclusivement menacé de la peine rigoureuse que comporte une telle accusation?

Prenons pour premier point de comparaison les

réflexions diverses que fit naître l'horrible attentat du 13 février. Rapprochons, des articles du *Constitutionnel*, ceux des feuilles qui lui sont opposées, et examinons de quel côté se montrent la bonne foi et la raison.

Dès le 15, la *Quotidienne* s'exprime en ces termes :

« Il y a des êtres, dit-elle, pour qui les crimes ordinaires sont des jeux. Il leur faut des attentats dignes de l'enfer, et leur cœur ne s'épanouit qu'aux féroces soins de la destruction. Applaudissez, vous tous qui avez *appelé par des vœux* le désordre et la mort. Celui qui devait porter une couronne est tombé sous le couteau d'un fanatique. Une famille royale est frappée dans son dernier rejeton, et la postérité du grand Henri est coupée par le même fer qui l'enleva lui-même à la France. Quelle source de larmes ! mais aussi quel sujet de méditations ! Un grand forfait a souillé la terre ; malheur aux rois, *s'il n'en voient l'auteur que dans le malheureux qui l'a commis !* Peut-être n'est-il pas temps de tout dire ; mais tout se dévoilera....

» La Providence aurait brisé les lois éternelles qu'elle a faites, s'il était permis aux auteurs véritables de ce grand attentat public d'espérer de rester cachés dans l'ombre, après avoir déchaîné le monstre qui les a servis. Nous ne dirons qu'un mot. Les doctrines régicides ont été prêchées impunément en France depuis deux ans : elles devaient porter leur fruit.

» ..... Tout a été impuni, tout, dis-je, excepté la vertu. On a vu l'assassin du duc d'Enghien triompher de la faiblesse du gouvernement. On a vu tous les criminels des cent jours rappelés aux honneurs, à la place des fidèles des cent jours. On a vu les écrivains les plus frénétiques avilir la royauté, et traîner dans la boue la famille royale ; hier encore, un journal audacieux a fait la revue la plus scandaleuse de tout ce qu'il y a de grand et d'auguste dans l'histoire de la monarchie. Rien n'a été sacré pour un parti antisocial protégé par les agens du pouvoir ; toutes les espérances ont été encouragées ; tous les crimes ont pu être médités ; tout a pu se tramer ouvertement, comme sur une place publique.... »

« Le crime est isolé ! s'écrie le *Journal des Débats* (*du* 17). Il n'y a qu'un coupable ! Qui vous l'a dit ? Qui vous a autorisé à nous le dire ? Ne pas reconnaître dans Louvel l'instrument du parti que nous venons de signaler, n'est-ce pas fermer les yeux à la lumière ? Aveugles volontaires, vous ne voulez voir qu'un Louvel dans cette foule d'hommes sectaires furieux de toutes les théories séditieuses ; vous voudriez donc nous persuader que les théories séditieuses, les exemples de la persécution des royalistes, les actes sacriléges de certaines administrations n'ont été connus que de Louvel ; vous voudriez nous faire croire que cet infâme Louvel lui-même n'a rien vu, n'a rien entendu ! Insensés ! Songez-vous que vouloir atténuer l'horreur d'un parricide, en dénaturer les causes, en nier les conséquences vraisemblables et prochaines, c'est en quelque sorte s'en rendre complice ? Non, le forfait de Louvel n'est point un forfait isolé, c'est le forfait d'un parti exécrable, dont un furieux n'a été que l'instrument docile. »

Drapeau blanc (*du* 15). « C'est vous, députés indignes et parjures, qui, profanant le nom du roi dans un serment que votre cœur prêtait à l'anarchie ou à l'usurpation, avez osé défendre le prêtre assassin que vous appelliez un *principe*, et proclamer que voter la mort de son roi n'était qu'exprimer une opinion ! Le meurtrier du prince sur qui reposaient tant d'augustes et précieuses espérances, a exprimé aussi une opinion ; et vous devez à sa justification le secours de votre éloquence, puisque c'est d'après vos *principes* qu'il s'est conduit.

» Mais, que dis-je ? non, ce n'est ni parmi vous, ni parmi les écrivains qui soutiennent et propagent vos doctrines, qu'il faut chercher les plus grands coupables.... Révolutionnaires par système, tueurs de rois par *principe*, vous avez fait votre métier ! Les brigands qui ont une fois foulé aux pieds toutes les lois divines et humaines, ont raison de profiter de la tolérance que leur accordent les dépositaires du pouvoir et de la force, destinés à les réprimer et à les punir.

» Le premier coupable, c'est l'homme funeste qui, depuis quatre ans, n'a employé l'autorité et la confiance que le roi lui avait remises pour consolider la monarchie, qu'à miner tous les fondemens du trône, qu'à frapper tous les amis éprouvés de la légitimité ; qui n'a eu des récompenses que pour la félonie et le crime, et des persécutions que pour l'honneur et la fidélité ; qui a réchaufé, nourri, caressé, déchaîné le tigre révolutionnaire ; qui a encouragé, soudoyé tous les distributeurs publics de poison. Oui, je vous nomme et je vous accuse, et la France et l'Europe entière joignent à ma voix leur cri accusateur..... Oui, M. Decazes, c'est vous qui avez tué le duc de Berry. »

» *Il n'y a qu'un pas du cœur d'un royaliste au cœur d'un roi.* (Mot d'un pair de France, en parlant du meurtre de Kotzebuë.)

» Souriez donc maintenant, le pas est fait..... Vous pleurez, vous gémissez ; on le dit, je veux le croire. Vains gémissemens ! larmes stériles ! vos pleurs rendront-ils à la France ce qu'elle a perdu par votre faute? Oui, pleurez, pleurez des larmes de sang : obtenez que le ciel vous pardonne : la patrie ne vous pardonnera jamais. »

(*Ibid.*) « Nous recommençons d'aujourd'hui le cours sanglant de notre éducation politique : *la première des dernières leçons* vient d'être donnée ; un prince du sang royal vient d'être assassiné.

» Mais si un seul jour peut tout perdre, *une heure* peut tout sauver. Nous l'avons demandée, il y a trois mois (et l'on traita notre prévoyance d'exagération), cette *heure de bonne volonté* qui peut sauver la France........

» C'est pour le roi, c'est pour sa famille, c'est pour la France, c'est pour l'Europe que nous adressons nos prières à celui qui, d'un seul mot, peut faire rentrer dans la poussière les lâches scélérats qui n'ont du talent que pour le mal, et d'autre courage que celui des conspirations et des assassinats..... *Cette* heure *de salut ne sonnera-t-elle pas trop tard?* »

(*Ibid.*) « M. Decazes se permit plusieurs fois de parler à l'oreille de l'assassin, et d'en recueillir les réponses à voix basse. »

(*Du 22*). « Plusieurs journaux ont annoncé qu'ils étaient *autorisés* à publier que, si M. Decazes avait *parlé à l'oreille* de Louvel, c'était pour lui demander, d'après l'insinuation de M. le duc de Fitz-James, si le fer dont il avait frappé le duc de Berri, était empoisonné ; question à laquelle le parricide avait répondu : *Non, monsieur.* Il résulte d'abord de cette publication *autorisée*, que nous n'avions annoncé qu'une circonstance vraie, en parlant de la question faite à l'oreille. Et pourquoi à l'oreille ? Puisque le lieu de l'interrogatoire était loin de celui où souffrait la victime, ce n'était pas pour lui épargner un mouvement de crainte ou d'horreur.

» Mais nous, aussi, nous sommes *autorisés* à publier que cette question à l'oreille n'est pas la seule que M. Decazes ait faite à l'assassin, et qu'avant l'arrivée de M. le duc de Fitz-James, M. Decazes avait déjà adressé à Louvel quelques mots à voix basse, auxquels celui-ci a répondu, en secouant la tête, en signe d'approbation : *Oui, oui, oui, oui…..* »

(*Du 19*). « Si donc, au lieu d'être traduit devant la Chambre des pairs, par une détermination d'autant plus adorable, qu'elle émane de la volonté personnelle du Roi, l'horrible Louvel eût été renvoyé devant une Cour d'assises, quel argument puisé dans nos institutions eût alors garanti son supplice à la France qui le réclame, à l'Europe qui l'attend ? Qu'on m'indique la barrière constitutionnelle contre laquelle se serait brisée la déclaration du jury qui, usant de sa prérogative, eût *renvoyé ce monstre absous de sa plainte ?* Alors, sans doute (car l'excès de nos déceptions politiques défie l'imagination elle-même, dans les hypothèses les plus monstrueusement déshonorantes pour la patrie), alors, sans doute, le meurtrier du duc de Berri, lancé par quelque collége électoral, sur les traces de Grégoire, préconisé d'avance par les feuilles libérales, dont les plus franches eussent vanté son *énergie*, et les plus hypocrites, excusé *son erreur*, aurait tenté, comme l'assassin de Louis XVI, de faire irruption dans la Chambre des députés, pour y représenter, conformément aux doctrines révolutionnaires, *l'opinion régicide.* »

(*Du 20*). « S'il paie ses mouchards, pour rapporter la vérité, et si ces braves gens gagnent leur argent en conscience, ils lui auront dit que la méfiance, le mépris et l'aversion dont il était généralement l'objet, se sont changés en haine, en exécration, en horreur depuis l'assassinat du duc de Berri, assassinat dont il est l'auteur indirect et RESPONSABLE. »

(*Du 23.*) « *L'ardonnance du 5 septembre* a donc assassiné le duc de Berry. Qui a fait rendre cette ordonnance homicide? »

(*Du 21.*) « *Pleurez, pleurez des larmes de sang,* mais ne les mêlez pas aux nôtres, elles les souilleraient...

» A vous, M. Decazes, des pouvoirs illimités ! Non, un acte d'accusation ! A vous, M. Decazes, la dictature ! Non, l'échafaud !... ou la fuite, si, plus soigneux de votre vie que de celle des Bourbons, vous profitez pour fuir du seul instant qui peut-être vous reste encore. »

(*Du 18.*) « La présence de M. le comte Decazes à la tête du ministère, trois jours après l'assassinat du dernier rejeton de la famille royale, consacre le triomphe de la révolution.

» L'enfer est sur le point de prévaloir ; la subversion des idées s'accomplit.... Ainsi le Minotaure a enfermé ses victimes dans les détours sinueux de son labyrinthe ; il les dévore en paix, malgré leur cris impuissans.

» La révolution n'a rien à redouter.... A nos rois des coups de poignards, à nous des calomnies.... »

(*Du 19.*) « En vain on briserait toutes les presses, en vain on brûlerait toutes les plumes : à défaut d'encre nous l'écririons de notre sang ; et si ce sang était tari, si la mort planait solitaire au milieu des débris et des ruines, les roseaux qui croîtraient sur nos tombes répéteraient encore : « Le système de M. Decazes a fa-» vorisé les doctrines qui ont tué le duc de Berry. »

Quotidienne (*du 19.*) « Peu importe que M. Decazes ait le portefeuille ou ne l'ait pas : M. Decazes a cessé d'être ministre depuis le jour où son système a porté des fruits désastreux.... Le ministère actuel n'est donc plus un obstacle. »

(*Ibid.*) « Nous ne dirons donc pas que le ministère doit être changé, mais qu'il a cessé d'être, du moment où il a cessé de pouvoir agir et de rien faire pour le salut public. »

(*Du* 21) « Cent mille ministres comme MM. Decazes et Pasquier, un million de journaux comme le *Moniteur* et le *Journal de Paris* s'écouleront avant que la société, instituée par Dieu, cesse de saisir les rapports qu'il y a entre les crimes et les fausses doctrines. »

Gazette de France (*du* 24). « Tels sont les horribles mensonges, les impudentes calomnies, les atroces insinuations que se permettent quelques misérables successeurs de Marat, se disant, ainsi que lui, les amis du peuple, et déposant dans un journal infâme, qu'ils osent nommer le *Constitutionnel*, la *bave démagogique*, mêlée au sang innocent de 93, dont les habits de quelques-uns d'entre eux sont encore rougis. »

(*Du* 27.) « Veut-on savoir quelles sont ces doctrines qui produisent à la fois trente assassins pour frapper au cœur la monarchie britannique ? Ce sont celles qui ont mis le poignard dans les mains des Sand, des Louvel, et qui ont tourné contre Ferdinand les épées des révoltés de Cadix.... Il est donc temps que les peuples s'éclairent sur le danger des doctrines révolutionnaires qui menacent partout l'ordre et la propriété, dans les principes qui les conservent. »

Journal de Paris, (*du* 18 *février*). « Le *Journal des Débats* nous reproche d'avoir dit que le crime de Louvel *est un crime isolé* qui devient un grand malheur national. Nous avons dit, il est vrai, que cette grande calamité nationale était le produit *d'un crime isolé ;* et nous pourrions le redire encore aujourd'hui. Tout ce qui a transpiré de l'interrogatoire de Louvel, tout ce qu'on connaît des circonstances de l'attentat porte à croire, jusqu'à présent, que ce monstre n'a pas eu de complices. Mais jusqu'alors, cette absence d'une complicité matérielle, qui semble résulter de ce qui est connu, suppose-t-elle l'absence de toute complicité morale? Bien au contraire ; s'il est prouvé que personne n'a poussé la main parricide de Louvel , si le crime est né en lui et a été consommé par lui seul , cette circonstance ne fait qu'accuser bien plus haut ces funestes maximes d'insurrection et d'audace révolutionnaire, que nous n'avons cessé de combattre lorsqu'elles n'étaient que des théories.

Conservateur. « Nous plaindrions toutefois M. le comte Decazes, s'il consentait à teindre sa pourpre dictatoriale dans le sang de monseigneur le duc de Berry... Le cadavre d'un prince peut servir de degré pour monter au pouvoir ; mais alors on n'y reste pas long-temps. » (73ᵉ. livraison.)

« La main qui a porté le coup n'est pas la plus coupable.... » (*Ibid.*)

« Nous devenons italiens par les mœurs , Américains par les principes. » (*Ibid.*)

« L'honneur et le repos. Réunissons-nous donc pour défendre ces biens jusqu'à la mort , et ne nous laissons plus tromper par les traîtres qui nous les envient. » (*Ib.*)

« Vos systèmes sont du sang, vos libelles sont du sang ; vos discours, vos mensonges, vos journaux, vos *pensées*, sont du sang. ... » (*Ibid.*)

« Un pareil ministre , de tels hommes , souillent tout ce qu'ils touchent , comme les Harpies , dont ils ont le signe de famille , la rapacité. » (*Ibid.*)

— « Que les yeux du monarque soient dessillés ; que le roi parle ; qu'il chasse de sa présence l'impiété (*aufer impietatem de vultu regis*), et le lendemain , la France , en bénissant Assuérus , d'avoir puni ce nouvel Aman , sourira de ses vaines terreurs , de ses vains dangers , de ses vains ennemis , créatures qui tomberaient avec leur créateur , disparaîtraient avec leur soutien , leur ami , leur complice ; avec l'homme qui , cuirassé du nom du Roi , et *armé du pouvoir* , dirige en France et l'opinion et la pensée , au gré de son délire qui fait pitié , ou de ses doctrines qui font horreur.... » (*Ibid.*)

« Vous recueillez maintenant le fruit de votre ignorante et absurde politique ... Vous avez puni la vertu , le crime s'est présenté... un assassin s'est montré : ah ! reprenez-le , il vous appartient tout entier. » (74ᵉ liv.)

« Loin de nous donc cet assoupissement qui hâterait notre chute ; et quand l'espérance nous est offerte, examinons qui nous la donne... » (*Ibid.*)

« Que le ciel prenne pitié de M. Decazes ! Si nous le nommons, c'est qu'il s'est dit lui-même si grand qu'il est impossible de s'adresser à d'autres. Pour l'honneur de la France et les progrès du gouvernement représentatif, nous voudrions pouvoir oublier l'homme, et juger le ministère dans sa solidarité... » (*Ibid.*)

« Rien de ce que nous voyons aujourd'hui n'existe réellement. Il n'y a plus de Chambres, il n'y a plus de lois, il n'y a plus de ministère, parce qu'il n'y a plus d'autorité. » (75ᵉ liv.)

» Il suffit seulement de connaître notre position et d'agir avec fermeté. » (*Ibid.*)

Ainsi s'expriment les ennemis des libéraux. Lisons maintenant le *Constitutionnel*, qui doit répondre à tous, et dont je présenterai, autant qu'il me sera possible, les raisonnemens dans toute leur étendue, loin de penser avoir aucun motif d'en dérober quelque passage.

(*Du* 16 *février.*) « Les écrivains libéraux parlent aujourd'hui avec horreur du crime qui vient d'arracher la vie au duc de Berri ; ils s'associent par des regrets sincères au malheur de la famille royale, et à la douleur paternelle de son auguste chef. Du reste, désirant, avec toute la France, la plus grande publicité dans une affaire où il est déjà si évident que l'attentat de Louvel, conçu dans le secret de la pensée d'un homme, et renfermé dans le fond de son cœur, n'a eu ni instigateur, ni complice, ils ont regardé comme salutaire la mesure qui constitue la Chambre des pairs en cour judiciaire pour prononcer sur le coupable. Il fallait, selon eux, un tel tribunal à la grandeur de l'attentat, au rang de la victime, et au vœu de la nation, avide de connaître la vérité toute entière dans une aussi grave circonstance.

» Tandis que les amis de la liberté gardent une attitude si conforme à leurs sentimens, que font les coryphées du parti des ultra à la tribune et dans les

journaux? ils substituent aux expressions d'une douleur sentie , aux plaintes d'un véritable deuil , les ac-
cens de la haine et les provocations de la fureur.
Pleurer le prince mort, et détester le crime de son
assassin ne suffit pas à ces énergumènes ; il faut pour
appareil, à l'amertume de leur chagrin, les consolations
d'un triomphe de parti. Peu leur importe qu'un coupable soit puni, s'ils ne peuvent obtenir la joie de
frapper des victimes innocentes: 1815 tout entier n'a
point satifait leurs ames ulcérées ; toujours occupés
de leurs sinistres projets, ils saisissent un malheur public comme une fête pour la vengeance ; et voilà les
amis d'une religion de tolérance, de paix et de concorde ! On pense autrement qu'eux, et dès-lors on
est marqué d'un trait fatal ! On a voulu arracher la
France à leur détestable empire, et l'on mérite tout
au moins l'exil ou les fers ! On a défendu le gouver-
vernement et le Roi contre leurs coupables entreprises ;
on soutient la constitution contre leurs perfides attaques, et il n'y a pas de châtiment assez grand pour
un pareil crime ! Ces furieux demandent une *journée* au
roi contre tous ceux qui veulent conserver le bienfait
de la liberté qu'il a donnée à une nation reconnais-
sante. Mais qu'est-ce qu'une *journée?* Quel est ce langage révolutionnaire dans la bouche de gens qui crient
sans cesse contre la révolution? Que veut dire une *journée*, dans un régime constitutionnel? Que deviendrait
un gouvernement réduit à faire ce qu'on appelle des
journées? La nation le roi et les Chambres ont pour ap-
pui, pour régulateur, pour limite, une constitution.
Cette constitution suffit à toutes les circonstances ; hors
d'elle il n'y a de salut pour personne ; et les insensés qui
demandent des *journées*, doivent toute leur sécurité à
cette loi qui a fermé l'abîme des révolutions ? »

(*Ibid.*) « Quelle est cette douleur qui s'échappe en
cris de rage ? Quelle est cette horreur contre un meurtrier, qui n'inspire que la soif de meurtres nouveaux,
qui déjà marque les victimes ? Le deuil véritable a-t-il
ce langage atroce ? L'humanité a-t-elle soif de sang ?...

» Le *Journal des Débats,* la *Gazette,* la *Quotidienne,*
le *Drapeau Blanc* semblent aussi forcenés que l'assas-

sin dont ils commentent beaucoup plus qu'ils ne ra-
content le crime. Quand tout démontre qu'il n'a pas
de complices, ils dissertent avec complaisance pour
lui en trouver, et signalent d'abord à la proscription
ceux qu'ils n'aiment pas. Ne pouvant arriver directe-
ment aux individus, c'est par les doctrines qu'ils pré-
tendent établir la solidarité. Ils jouent sur cette tran-
sition dont le but est la plus lâche des vengeances. Il
n'est pas jusqu'à la publication d'une médaille constitutionnelle qu'ils ne dénoncent comme un indice, peu
s'en faut comme une preuve. Bientôt, sans doute, ils
envelopperont dans la même catégorie les cent mille
pétitionnaires qui réclament le maintien de la Charte.
Tous les partisans de la doctrine constitutionnelle de-
viennent responsables, à les entendre, du forfait d'un
fanatique.

» Accusez donc aussi la religion de l'assassinat
d'Henri IV, et dites que tous les chrétiens sont des
Damien, des Jacques Clément et des Ravaillac. Imputez
à cette même religion les atrocités qui, en son nom,
souillèrent presque toutes les parties du globe, et pro-
clamez que tout catholique est un meurtrier, un em-
poisonneur, un monstre digne du dernier supplice.

» L'analogie est irrécusable : la croyance politique,
aussi bien que la croyance religieuse, peut avoir ses
fanatiques ; le même délire peut être l'effet de causes
différentes ; une tête exaltée peut être poussée à des
excès semblables par des idées entièrement opposées ;
c'est une organisation trop analogue, sans doute, qui,
sous des impressions si diverses, a épouvanté le monde
de l'incendie d'Éphèse, de l'assassinat de Guillaume,
de Henri III, de Henri IV, de Louis XV, de Kotzebuë,
du duc de Berry, des massacres de l'Amérique idolâ-
tre ; des bûchers de l'inquisition ; c'est elle encore qui
arma les mains de Charles IX, fit *avaler un boisseau
d'hosties* à cet Italien haineux, empoisonna plus d'une
fois à Naples le pain consacré, et ne respecta pas la
tiare même dans la personne de Clément XIV.

» A quelle doctrine irez-vous demander compte de
la mort de Socrate et de l'épouvantable trahison qui,

à Florence, fit choisir l'auguste enceinte d'un temple et le moment de *l'élévation* pour sacrifier la famille des Médicis au fanatisme d'uu archevêque? Reconnaissez donc que c'est le crime seul qu'il faut proscrire en tous lieux, en tout temps, de quelque masque qu'il se couvre, que la politique ou la religion en soit le prétexte, qu'il soit commis au nom de Dieu, ou de la liberté, ou de la légitimité, et non la doctrine qu'avoue la raison ou celle qu'adopte la foi.

» Mais au milieu de vos larmes fastueuses, un odieux sophisme, une contradiction cruelle, n'échappent point à la France, à l'Europe qui nous entend et nous juge. Vous ne dénoncez une doctrine que pour en établir une infâme, celle de la solidarité ; vous enchaînez les choses pour confondre les hommes, et vous n'épargnez rien pour qu'il y ait, s'il est possible, communauté de conséquences, là où les principes frémissent de se voir rapprochés.

» Ainsi, vous exploitez les infortunes du monarque au profit de votre ambition ; vos ressentimens spéculent sur une atrocité ; une catastrophe n'est pour vous qu'un moyen politique de plus ; et à l'espérance d'une victoire plus prompte et plus fontière, une joie féroce éclate au milieu des pleurs que vous répandez sur la cendre du fils adoptif de votre roi.

» Vous parlez de doctrine funeste, et vous en vantez une abominable ; et vous avez rappelé, et tous les jours vous défendez les apologistes et les fauteurs du régicide, les jésuites! Vous vous indignez avec toute la France contre un lâche attentat, et vous provoquez à des attentats semblables dans toute l'étendue de la France ; vous affectez même une sorte de ménagement envers un assassin, et c'est sans mesure dans l'expression, comme sans limites dans l'exécution, que vous appelez, que vous implorez l'assassinat.

» Non, votre langage n'est ni celui du patriotisme, ni celui du dévouement, ni celui de l'humanité : vous montrez plus de fanatisme que le fanatique même dont vous croyez que les coups vont assurer les vôtres. »

(*Ibid.*) « Ecoutez les organes de la faction : l'assassin est un simple ouvrier qui sait lire à peine, qui pas-

sait les journées à travailler dans les ateliers de sellerie
du roi ; qui n'a probablement jamais lu ni entendu lire
aucune dissertation politique ; eh bien ! ce sont les écrits
des défenseurs des droits du trône et des libertés de la
nation qui lui ont fait concevoir, exécuter le crime qu'il
a commis. L'assassin déclare, persiste à déclarer que,
depuis cinq ans, il méditait ce crime horrible ; que sa
résolution de le commettre était telle que déjà, et à
plusieurs reprises, il avait fait de vaines tentatives pour
réaliser ses horribles projets. Eh bien ! entendez les
énergumènes de la faction ; l'attentat de Louvel est le
fruit des doctrines libérales, des principes constitutionnels que les écrivains patriotes, c'est-à-dire les écrivains véritablement amis de la monarchie, de la paix
et de la liberté, peuvent à peine exprimer et répandre
depuis deux années.

» L'assassin déclare constamment que seul il a conçu
le crime, que seul il l'a commis ; qu'il n'a eu ni instigateurs, ni confidens, ni complices. Il avait des habi-
tudes solitaires ; il ne fréquentait ni ses compagnons,
ni personne. On visite son domicile, on n'y trouve aucun document, rien, absolument rien qui ne vienne
confirmer ses déclarations. Eh bien ! si vous en croyez
les furibondes déclamations de certains hommes, Louvel a été encouragé, déterminé par tous les amis de
l'ordre et de la stabilité ; ses instigateurs sont partout ;
ses confidens inondent le sol de la France ; il a pour
complices la nation toute entière.

» A quels déplorables excès peuvent conduire l'aveuglement des passions, la haine d'un parti, la fureur
d'une faction !....

» Si vous connaissiez les principes de la justice éter-
nelle que vous invoquez, vous laisseriez à ceux qui
sont ses organes, le soin de poursuivre un grand crime
et de punir un grand criminel. Si vous étiez les amis
sincères du roi, au lieu de chercher à nourrir, à aug-
menter, s'il se peut, sa douleur profonde, vous feriez
des efforts pour apporter quelques consolations à son
cœur paternel ; vous mettriez en *oubli* vos cruels ressentimens ; vous vous uniriez à tous les bons Français pour
gémir sur les restes inanimés d'un prince victime de la

fureur aveugle d'un fanatique ; vous vous associeriez avec eux pour entourer le trône en deuil, et pour chercher dans le bonheur de la patrie quelque soulagement à la douleur commune. »

(*Du* 17). « Ces lois, qui devraient être discutées avec maturité et décidées dans le calme des passions, se mêlent au deuil de la patrie, et semblent destinées à servir de cortége funèbre au prince dont la fin déplorable excite tous nos regrets ; comme si nos libertés devaient descendre avec lui au tombeau !

» Contemplez ce peuple qui, selon vous, *est infecté d'idées pernicieuses ;* voyez sa vive douleur d'un crime affreux, son indignation contre l'assassin : un voile de deuil couvre cette France si brave aux jours du péril, si généreuse dans tous les temps. Elle associe son affliction à celle de son roi et de son auguste famille ; elle gémit du coup inattendu qui a frappé sa plus jeune espérance ; et vous voulez ajouter à cette perte si cruelle la perte de nos libertés ! Un individu obscur, sans relations, se rend coupable d'un épouvantable forfait, et c'est la nation entière que vous voulez punir en suspendant ses droits !.....

» Que vont faire les royalistes exclusifs dans cette circonstance ? Le plaisir de calomnier la nation, le besoin des vengeances, l'activité des haines, l'emporteront-ils sur un intérêt commun à tous les Français ?....

» Les inimitiés entre Français seraient-elles donc implacables ; et lorsqu'une occasion si solennelle se présente de réunir tous les intérêts comme elle a réuni toutes les afflictions, sera-t-elle sacrifiée aux souvenirs d'un passé irrévocable, à des passions aveugles, à de vains ressentimens ? Que les hommes de ce parti qui ne sont pas frappés d'aveuglement, réfléchissent sur notre position et sur notre avenir ; qu'ils se rappellent que dans les jours de deuil, dans les grandes catastrophes, les peuples de l'antiquité se rassemblaient dans leurs temples et sacrifiaient à la Concorde. »

(*Du* 18.) « Que les Français restent calmes dans cette circonstance ; cette noble attitude suffit pour imposer aux factieux. Le crime atroce de Louvel est un crime isolé, rien n'est plus sûr. Tout bon citoyen en a frémi d'horreur. Qu'ils sont coupables les hommes qui insultent à la douleur publique, au deuil de la France, par de lâches calomnies et de mensongères délations ! »

(*Ibid.*) « Nous avons été plus modérés jusqu'à ce jour que les adversaires qui nous ont forcés de les combattre ; nous ne manquerons pas à cette même retenue dans un moment difficile, où la vérité a quelque chose de plus solennel encore, et les erreurs dont la France est menacée quelque chose de plus redoutable. »

(6 *mars*). « Il est fâcheux d'être obligé de relever des pensées aussi révoltantes et aussi atroces ; mais nous devons contenir le sentiment qu'elles font naître, et ne point imiter de pareils exemples. Vous insinuez que le crime de Louvel n'est pas isolé ; d'où le savez-vous ? Les secrets de l'instruction vous ont-ils été communiqués ? Laissez là vos perfides réticences ; nommez les complices ; qu'ils soient livrés à la justice : c'est le vœu des bons citoyens, c'est celui de tous les Français. Mais si le crime est en effet isolé, s'il a été conçu dans les ténèbres à une époque d'agitation et de malheurs publics, si l'assassin n'a eu d'autre instigateur que lui-même, quel nom méritez-vous ? Que doit-on penser de vos fastueuses protestations de religion et de morale ?

» Supposons que les Chambres soient dissoutes et les lois anéanties ; sur quoi s'appuiera l'autorité si témérairement invoquée ? sur la force, sans doute, sur la violence. Mais quelle durée, quelle stabilité se promettre d'un si odieux système ? Les résistances ont-elles été calculées ? A-t-on prévu d'avance comment des impôts arbitrairement et illégalement établis ou prorogés seraient exigés et perçus ? Que deviendrait le système lorsqu'il ne serait plus possible de lever, sans crime et sans vexation, la moindre partie de l'impôt ? Quelle source de calamités, peut-être même de terribles révolutions ! »

Le lecteur a déjà reconnu de quel côté se montre la raison, la logique, la convenance et la dignité. Le *Constitutionnel* n'a opposé à ce désir épouvantable d'une *journée*, que le vœu d'une réunion franche et si nécessaire de tous les intérêts et de toutes les afflictions, il n'a demandé qu'un sacrifice à la concorde. Ce journal, accusé de provocations à la guerre civile, invite encore tous les Français à rester calmes. Qui croirait cependant qu'un acte formel d'accusation de complicité avec un assassin va être maintenant dressé contre lui par la *Gazette de France* du 17? J'ose à peine citer cet article, intitulé : COMPLICES DE LOUVEL, où l'auteur enveloppe à la fois tous les écrivains qui professent les principes constitutionnels, et rassemblant divers membres de phrases éparses qu'il prétend empruntées à chacun d'eux, présente ce tout, comme un cathéchisme qu'ils auraient exprès médité et rédigé pour l'instruction particulière de l'assassin du duc de Berry.

Complices de Louvel.

« Ses complices, dit-il [avec assurance, sont nom-
» breux, *découverts*, *avoués même*; l'instigation au
» crime est une véritable complicité, et les instigateurs
» de Louvel ont pris soin de se signaler eux-mêmes.....
» Sachez, lui a-t-on dit, que le moment est venu
» de vous couvrir d'une gloire immortelle; la patrie
» en pleurs réclame votre bras; Louis XVIII a annoncé
» des changemens à la loi des élections. C'est pour le
» coup qu'on pourra dire que la dynastie est impo-
» pulaire.
» De cela Louvel a dû inférer qu'en coupant l'arbre
» dans sa racine, il acquerrait une immortelle re-
» nommée, et qu'il accomplirait le vœu du peuple. »

Ici le *Drapeau blanc*, après avoir pris dans le *Constitutionnel*, et dans les autres journaux, des phrases qu'elle isole et dénature, ajoute :

» Expliquée de cette manière, la fête funèbre du vertueux Louis XVI n'a paru au fanatique que l'apothéose d'un tyran. »

C'est *en vertu* de vos doctrines, dit l'auteur en finissant, que le crime se commet aujourd'hui. N'avez-vous pas consacré *en principe* toutes les spoliations et les crimes de la révolution, que la morale publique ne peut que couvrir d'une silencieuse amnistie? N'avez-vous pas prêché, au nom du dogme de la souveraineté du peuple, que les rois, les nobles, les prêtres ne font pas partie de la nation? Ne les avez-vous pas sans cesse désignés aux classes inférieures comme des ennemis publics? Aussitôt que le monarque a exprimé de sa propre bouche sa volonté royale, n'avez-vous pas excité sans relâche le peuple à s'insurger? »

Le *Constitutionnel* ne répondit que par la note suivante :

(*Du* 18.) « La *Gazette de France* contient aujourd'hui un article dont le trouble du moment où nous sommes peut seul excuser les sophismes. M. de Jouffroy trouve indigne que l'on consacre en principe ce que la Charte consacre en principe. Le reste est de cette force ; et en effet, ce qu'on peut objecter de plus fort contre les hommes constitutionnels, c'est de leur dire : A la vérité, nous ne trouvons pas de pareilles maximes dans vos écrits, mais c'est comme si nous les y trouvions. « Le mal se fait *en vertu* de vos doctrines! » Il fallait donc citer, d'un écrivain constitutionnel, quelques passages hideux comme les décisions des Malagrida du temps admirable. Il faudrait aussi qu'il n'y eût pas eu de désordres particuliers avant la révolution, pour que l'on fût autorisé à dire que *la stabilité de l'autel et du trône prévient tous les désordres particuliers :* si ce n'est pas un mot vide de sens, c'est donc une ironie dont la *Gazette* n'aura pas aperçu l'étrangeté.

» Au reste, *le Constitutionnel*, qui assurément n'a jamais dit que *les rois et les nobles ne fissent pas partie de la nation*, ne prolongera pas davantage cette réponse, déjà que trop répondu par ce peu de lignes. »

Un ministre tombe sans perdre toutefois ni l'estime ni la faveur de son roi : voyons comment s'ex-

priment à cet égard les feuilles opposées au *Constitutionnel*.

Conservateur. « Les pieds du ministre déchu *ont
glissé dans le sang*. » (75e liv.)

Drapeau blanc (du 21 février). « Quoi ! il aurait vexé,
torturé, pressuré vingt-huit millions d'hommes, et
trahi à la fois la nation, son roi et Dieu même, et il
en serait quitte pour donner sa démission ! S'il en est
ainsi, pairs et députés, fermez les portes du double
palais législatif ; juges, désertez les tribunaux ; admi-
nistrateurs, restreignez tous vos devoirs à vous engrais-
ser du sang des peuples ; tyrans de toutes les couleurs,
agissez en toute liberté, sans crainte et sans frein ;
l'impunité est à l'ordre du jour ! »

(25 *mars*.) Ah ! si ce favori de la fortune pouvait
PERDRE *un ami*, un seul ami, *la France serait sauvée !*

Je crois tout cet article digne d'être livré aux méditations du lecteur. Le voici :

« Tout le monde sait ou ne sait pas, car les plus
grandes choses, dans ce siècle indifférent, peuvent
rester ignorées, même après que les trompettes de la
Renommée ont essayé de les faire connaître à l'uni-
vers entier, que M. le marquis de Lally-Tollendal a
prononcé l'autre jour à la Chambre des pairs un discours où respirait le zèle de l'amitié, contre une pétition tendant à ce que M. le duc ci-devant comte Decazes fût mis en accusation. Le *Courrier* nous ramène
forcément au souvenir de cette action méritoire du
noble pair, en arrangeant à ce sujet une petite anec-
dote qu'il a cru pouvoir se permettre d'inventer.

» S'il fallait en croire le *Journal decazien*, un per-
sonnage dont nous ne mêlerons pas le nom sacré dans
une circonstance qui touche de si près à l'homme que
la France entière accuse, et que nous condamnons
dans notre conscience, voyant le même M. de Lally-
Tollendal, lui aurait dit : « M. de Lally, vous avez
» donné avant-hier un honorable démenti au fameux
» distique d'Ovide :

*Donec eris felix, multos numerabis amicos,
Tempora si fuerint nubila, solus eris.* »

« Le *hardi menteur* sait mieux que personne, que l'homme dont il a l'air de déplorer la disgrâce, est bien loin d'être si malheureux qu'on voudrait le faire croire, et qu'un duc et pair, membre du conseil privé, ambassadeur, jouissant de 1,500,000 livres de rentes, avec l'espoir, qui ne quitte jamais un malheureux de sa façon, de ressaisir l'exercice du pouvoir, a de quoi n'être abandonné de personne. Aussi tous ses amis lui sont-ils fidèles ; mais, en pareille affaire, une première défection amène promptement toutes les autres : ah ! si ce favori de la fortune pouavit perdre un ami, un seul ami, la France serait sauvée. »

(*Du* 27). « Délaissé par son roi, comme il est abandonné par l'opinion publique, la pitié eût alors étouffé sa plainte.... N'avait-il donc pas aussi donné d'abord des preuves d'attachement à son roi, et rendu des services à l'Etat, cet Enguerrand de Marigny, ce ministre le plus vain et le plus insolent de tous les hommes, qui finit par irriter les grands par sa fierté, et les petits par ses rapines ?.... Pour la dernière fois, nous le laissons seul..., entre l'exil de Fouché, le supplice de Marigny, le poignard de Louvel et la cendre de sa victime. »

n J'ose à peine citer les sarcasmes suivans :

(*Du* 26). « Qui croirait.... que la dernière maison de campagne achetée par M. Decazes, s'appelle *Gibet* ? » — (*Du* 27). On assure que M. Decazes est parti hier pour le *Gibet*. »

Ici, selon le même publiciste, l'ex-ministre est accueilli par des huées ; là, obligé de se faire escorter par un piquet de gendarmerie, « ce qui lui donne *tout-à-fait l'air d'un condamné*.. » (*5 mars*.)—L'exposition du corps de la victime royale, dans une des salles du Louvre, est nommée *une seconde exposition du produit de l'industrie*. (*Du* 21 *février*.)—Le chef des révoltés de Londres, M. Hunt, doit être proposé pour ambassadeur en France, en échange de M. Decazes, nommé à l'ambassade d'Angleterre. (Du 29.)

(*Ibid*. du 19.) « M. de Richelieu, par une fatalité singulière, est attaqué aujourd'hui de la même colique

néphrétique qui le contraignit, dans le mois de dé-
cembre 1818, à se mettre au lit à l'instant où il pouvait
sauver la France.

» Ce moment ne se retrouverait plus pour lui, lors
même qu'il guérirait de sa colique.

» Il y a encore en France des royalistes sains de
corps et d'esprit, desquels on peut faire des ministres. »

(*Du 21.*) « M. Pasquier se retire. En effet, on con-
çoit difficilement la figure de cette excellence à toute
selle, dans un ministère qu'on doit croire épuré. »

Gazette de France (*du 15 février.*) « Fasse le ciel qu'on
arrache l'arbre avant qu'il porte de nouveaux fruits !
Jamais les doctrines révolutionnaires et les attentats
politiques n'ont marché séparément ; toutes les fois
qu'on a déchaîné ces doctrines, le poignard est toujours venu au bout. »

Drapeau blanc (*du 10 mars.*) « Holà, M. le duc Decazes ! vous qui emportez tant de choses de Paris, sans
compter l'estime et la reconnaissance publiques, n'y
avez-vous rien oublié ? »

Ce qui a été oublié par M. le duc Decazes, c'est
un procès contre le *Drapeau blanc*, qui « se disant
» l'interprète de la France et de l'Europe, l'a positi-
» vement accusé d'avoir tué le duc de Berri. » Des
récriminations semblables se font souvent remarquer
contre M. le conseiller Cottu, magistrat qui présidait
la Cour royale, lors d'un jugement qui fut rendu contre l'éditeur responsable du même journal. Le *Constitutionnel* ne montra jamais ce ressentiment contre ses
juges. Condamné, en avril dernier, pour la simple
omission d'une formalité, pour une absence de mé-
moire de la part d'un garçon de bureau qui négligea de
faire le dépôt du journal à la préfecture, il rapporta
son jugement sans réflexions et sans amertume. Placé
aujourd'hui sous une prévention qui lui a attiré un
arrêt par défaut, une condamnation à laquelle aucun
moyen de défense n'a été opposé, comment s'ex-

prima-t-il lors de cette décision rigoureuse ? Voici le texte même de sa notice :

Constitutionnel (*du 12 mars*). « On a appelé aujourd'hui, à la Cour d'assises, la cause de M. Bidault, éditeur responsable du *Constitutionnel*, prévenu, suivant l'acte d'accusation, d'avoir provoqué les citoyens à la guerre civile, par un article publié dans le n° du 23 février.

» Me Dupin jeune a exposé que son frère aîné, qui était chargé de plaider pour M. Bidault, était absent de Paris, et ne serait de retour que dans quelques jours. En conséquence, il a demandé que la cause fût remise à une autre session.

» La Cour a refusé d'accorder aucune remise.

» Prononçant par défaut contre M. Bidault, elle l'a déclaré coupable, et l'a condamné, etc.

» M. Bidault formera opposition à cet arrêt ; et, avant que la Cour puisse appliquer, soit le *maximum*, soit même le *minimum* de la peine, il faudra que des jurés examinent s'il est vrai que le *Constitutionnel* ait provoqué à la guerre civile. »

J'ai voulu montrer en tout point, dans la conduite du *Constitutionnel*, le sentiment des convenances et l'entière soumission aux décisions de l'autorité, comme j'ai précédemment fait remarquer sa modération inébranlable dans les discussions politiques. Cette modération, sans doute, a été suffisamment prouvée : partout horreur profonde du plus odieux des attentats ; dévouement au monarque, confiance dans ses ministres ; désir, espoir de réconciliation avec des ennemis toujours irréconciliables et persécuteurs : tel s'est montré constamment le *Constitutionnel*, quand tout-à-coup il imprime l'article suivant sur lequel est établie la prévention qui traduit en ce moment son éditeur responsable devant la Cour d'assises :

Constitutionnel (*du 23 février.*) « Il n'est pas de projets atroces que n'ait conçus la faction ennemie de

» la France et du trône. Des placards menaçans ont
» été affichés la nuit sur un grand nombre de mai-
» sons , et des listes de proscription , où l'on avait
» porté des généraux et des manufacturiers , des ar-
» tistes, des officiers et des gens de lettres , ont été ré-
» pandues. Dans les conciliabules d'ultrà , on deman-
» dait seulement vingt mille têtes ; dans d'autres , on
» se bornait à trois cents têtes et on réclamait quinze
» mille déportations. Un autre plan avait été proposé ;
» on voulait ménager à Louvel les moyens de s'étran-
» gler, pour jeter ensuite plus à son aise son crime sur
» toute la France , et pour accuser de sa mort les com-
» plices qu'on veut absolument lui donner. Alors les
» barrières auraient été fermées , on aurait fait main-
» basse sur toutes les victimes désignées ; la Charte eût
» été abolie , l'ancien régime rétabli , toutes les
» presses constitutionnelles auraient été brisées , et on
» aurait proclamé que la monarchie était sauvée.

» Telles sont les idées horribles dont se sont bercés
» certains hommes qui parlent sans cesse de religion et
» d'humanité. La sagesse du monarque , l'attitude
» imposante de la capitale , l'indignation de toute
» la France , feront justice de ces énergumènes qui
» rêvent tous les crimes, de ces prétendus royalistes
» qui donnent insolément des ordres au roi, et qui
» ne respectent pas même sa douleur. »

Mais cet article ne s'arrête point à ces phrases
seules , il est immédiatement suivi des deux passages
suivans dont il ne faut pas l'isoler, et qui prouve-
ront à tout homme de bonne foi si le *Constitutionnel*,
sans cesse accusé de complicité dans un assassinat
contre lequel on soulevait toutes les vengeances , a
jamais provoqué à la guerre civile. Il ajoute :

« Les journaux constitutionnels des départemens ma-
nifestent la plus profonde douleur de l'assassinat du
duc de Berry, et la plus vive indignation contre l'assassin. C'est ce qu'on devait attendre d'hommes éclairés
qui soutiennent les droits de l'humanité, et qui savent
que tout ce qui blesse la morale est incompatible avec

la liberté : le crime ne profite jamais qu'au despotisme ou à l'anarchie.

» Les journaux ultrà des départemens ont imité l'exemple de ceux de Paris ; il serait difficile de se faire une idée de leur exaspération et de leur fureur. On croirait, à leur langage, qu'ils regardent la fin déplorable d'un prince français universellement regretté, comme le signal d'une nouvelle réaction. Déjà les délateurs sortaient de leurs repaires, les cris de haine et de vengeance se faisaient entendre. L'attitude noble et courageuse des hommes attachés au maintien de la paix et des lois, le bon esprit des citoyens qui professent un dévouement sincère au roi et à la charte, ont contenu ces furieux qui ne respirent que la guerre civile. Les Français sont avertis, il n'y aura plus de 1815.

— » Ce n'était point sans motif que nous nous bornâmes, dans notre feuille d'hier, dit *la Tribune* de Bordeaux, à l'extrait pur et simple de divers journaux de la capitale, touchant l'horrible forfait qui a plongé dans un deuil sincère tous les amis de la patrie. Nous avions un triste pressentiment du parti funeste que les ennemis de nos libertés s'efforceraient de tirer de cette sanglante catastrophe, et nous craignions, en payant au prince qui nous est ravi, le tribut d'une douleur sans faste, parce qu'elle est profonde, d'indiquer nos inquiétudes, et de donner à nos justes regrets une expression intéressée.

» Les journaux du parti qui n'a repris d'ascendant que par nos catastrophes, ont changé nos craintes en certitudes : d'horribles cris de proscription et de mort leur ont échappé, et c'est de la tribune nationale que le signal en est parti.

» C'est en vain que les aveux du meurtrier dégagent son crime de toute complicité comme de tout but politique ; non ! il faut que la France libérale soit solidaire d'un forcené.

» Méfiez-vous de ces hommes qui, par de perfides conseils et des principes non moins pernicieux, n'appellent que le trouble et le désordre. Vous les reconnaîtrez à la joie qu'ils déguisent mal au milieu de nos pleurs.

» Puissent ces paroles être entendues, et que dans l'accord d'une douleur sincère, nos regrets profonds et et unanimes accompagnent les seules funérailles dignes d'un neuveu de Louis XVIII et d'un petit-fils de Henri IV. »

Revenons maintenant au passage qui sert de texte à l'acte d'accusation. La lecture de ce passage ne laisse-t-elle pas la même impression que celle que j'ai annoncée ? n'y trouve-t-on pas le langage de la modération opposé à celui de la fureur ? Et, si l'on parle de projets sanguinaires, loin de s'en autoriser pour exciter à la guerre civile, n'est-ce pas en se félicitant de pouvoir annoncer que la sagesse du monarque et l'attitude imposante de la capitale ont déjoué tous les complots ?

Et cependant le *Constitutionnel*, si violemment attaqué, n'aurait-il pas pu se permettre quelques récriminations qui, de sa part, n'eussent été qu'une défense légitime ? A-t-on donc oublié en quels termes s'était déployée la plus étonnante effervescence ! Ce n'est certainement point en des expressions telles, par exemple, que la *bave démagogique*, que je veux remarquer des dangers ; il est un langage ignoble qui ne mérite que la pitié. Je ne citerai même point 1815 préconisé, l'ordonnance du 5 septembre présentée comme la source d'un horrible attentat, la conduite du jury indignement, outrageusement préjugée, *Louvel acquitté*, et même NOMMÉ DÉPUTÉ : l'opinion suffit pour faire justice de pareilles assertions ; mais quel autre torrent continuellement débordé ! que de menaces, d'injures, de provocations indirectes et même de personnalités accumulées ! Existait-il des crimes qui ne dussent être commis par les libéraux ? Ceux-ci n'étaient-ils pas les successeurs de Marat et de Robespierre ? des révolutionnaires, des factieux, « des conspirateurs

armés de la plume, de l'épée et du poignard ? » Favo-
risés par un ministre, « digne du supplice de Mari-
» gny, » par un ministre formellement dénoncé
bomme l'assassin, et l'assassin le plus coupable du
duc de Berry, n'avaient-ils pas été les excitateurs,
les provocateurs de Louvel ? N'avaient-ils pas même
eu l'attention de l'instruire ? n'avaient-ils pas com-
posé, exprès pour lui, ce catéchisme inséré dans un
journal, sous le titre de *Complices de Louvel* ? « Il
fallait extirper le germe de leurs doctrines, arracher
l'arbre avant qu'il ne portât de nouveaux fruits. « On
leur criait en termes précis : « Vos systèmes sont
» du sang ; vos discours, vos *pensées* sont du sang. »
On demandait enfin une journée, une *heure*....

Eh bien, qu'a demandé le *Constitutionnel?* A-t-il
aussi demandé des vengeances et du sang? A-t-il
parlé de se défendre par les armes quand on dévoua
ses rédacteurs au poignard ? Lisez l'artiéle et jugez.

Mais, dira-t-on, il a raconté la scène du café
Lemblin. Sans doute, il l'a rapportée ; mais cet évé-
nement n'avait-il pas acquis dans Paris la plus
grande publicité ? Un domicile envahi, des citoyens
paisibles insultés, un député menacé dans sa personne et sauvé seulement par une patrouille de
garde nationale ; un grand développement de forces
pour ramener l'ordre ; le premier ministre obligé de
pourvoir à sa propre sûreté et de faire bivouaquer
un corps considérable de gendarmes dans son hôtel.
Tous ces faits n'étaient-ils pas de notoriété? Et d'ail-
leurs, sur la foi de quels garans a-t-il annoncé par
exemple les désordres qui avaient eu lieu au café
Lemblin ? C'est sur la déclaration du propriétaire
même de ce café, qui, dans une lettre écrite au *Constitutionnel*, a pris soin d'en rappeler toutes les circonstances, dont les journaux opposés au *Constitutionnel* n'ont pu contester l'authenticité.

« Avant-hier mardi, écrit M. Lemblin, vers deux heures après-midi, je fus informé par un témoin oculaire que plusieurs individus, vêtus en simples particuliers, venaient de former le projet, dans un autre café du Palais-Royal, de se transporter ensemble au café Lemblin, pour y faire justice de tous les *indignes* qui avaient l'habitude de s'y réunir. Dans la soirée, en effet, je vis entrer dans mon établissement, et à plusieurs reprises, des groupes peu nombreux de jeunes gens, qui, en prenant quelques verres de liqueurs, s'exprimaient hautement et d'une manière menaçante contre les personnes qu'ils désignaient sous le nom de *libéraux*, d'*indépendans*, de *constitutionnels*, et contre les *officiers à demi-solde*. Ils ajoutaient à ces dénominations des propos et des épithètes beaucoup plus qu'injurieuses, et que je m'abstiens de répéter.

» Il y avait alors beaucoup de monde chez moi; personne ne répondit aux provocations qui étaient faites, et cette première tentative se borna à quelques propos menaçans et à quelques journaux déchirés.

» Hier mercredi, dans la soirée, je vois entrer chez moi, entre sept et huit heures, une foule de jeunes gens sans uniformes, n'ayant d'autre arme ostensible que des bâtons; ils étaient environ cinquante. A peine entrés dans mon café, où ils ne trouvèrent que des gens paisibles, ils s'évertuèrent en propos et en gestes les plus outrageans et les plus menaçans. Ils voulaient, entr'autres choses, donner, *en attendant mieux*, des coups de bâton aux *libéraux* et à *cette canaille d'officiers à demi-solde*. Quelques-uns des assaillans commençaient déjà à monter sur les tables, soit pour pérorer, soit pour donner le signal de ce qu'ils appelaient *leur expédition*. Ils s'adressèrent notamment à un citoyen qui n'avait rien dit, qui ne disait rien; c'était un vieux colonel, dont le sang-froid, la prudence et la réserve furent impuissans contre les attaques de ces jeunes furieux. Bientôt aussi ils apostrophèrent un autre citoyen, décoré du signe de l'honneur, et que, pour cette raison, ils crurent être un officier de l'ancienne armée. Celui-ci était un honorable député; il répondit peu de choses aux provocations dont il était l'objet, et peut-être allait-il devenir victime de sa propre modération, lorsqu'une patrouille de la garde nationale entra. Elle entoura soudain le député et le colonel menacés ; elle fit vider le café, et il fut fermé. » (*Constitutionnel du 18 fév.*)

Telle fut cette scène scandaleuse à laquelle les troupes accourues et les autorités reconnurent qu'aucun antécédent n'avait pu donner lieu. Ainsi, la guerre civile provoquée par les feuilles anti-libérales avait donc eu même un commencement d'exécution ; la fureur des assaillans n'avait, à la vérité, porté que sur des feuilles imprimées ; mais si les rédacteurs de ces mêmes feuilles se fussent trouvés dans le café, le sang n'eût-il pas coulé? Une déplorable lutte ne pouvait-elle pas amener les plus funestes résultats, en propageant les germes de discorde? Les écrivains du *Constitutionnel* particulièrement eurent eux-mêmes à redouter une irruption pareille dans leurs bureaux ; le bruit courut même dans Paris, qu'elle avait eu lieu ; mais ce projet fut connu des magistrats et déjoué par leur vigilance.

Les libéraux couraient donc vraiment des dangers. C'est la veille même de la scène du café Lemblin qu'avait paru dans la *Gazette de France* l'article intitulé *Complices de Louvel*, cet assemblage perfide et mensonger sur lequel on veut établir une accusation directe contre ces mêmes écrivains dont les feuilles viennent d'être déchirées, qui eux-mêmes viennent d'être menacés, provoqués. Les libéraux pouvaient-ils se rassurer par la lecture des papiers des départemens, et n'était-ce pas un accord spontané bien remarquable, que celui des provinces et de la capitale pour attribuer en même temps un crime isolé aux mêmes hommes et rendre les défenseurs des principes constitutionnels responsables de l'action atroce d'un misérable? Partout, dans les feuilles dévouées au parti anti-libéral, les mêmes idées, jusqu'aux mêmes expressions, les mêmes menaces, les mêmes cris de fureur et de vengeance. Partout : vos systèmes vos *pensées* sont du sang.... Une journée ! une heure!

Dans le même temps, une accusation vainement repoussée par le maire et les autorités de Châlons-sur-Saône, porte sur un divertissement dont la date correspond au jour de l'assassinat de l'infortuné Prince, et l'on s'écrie de toutes parts : quelle coïncidence (*Quotid.* 28 *fév.*)! Une autre assertion également, et aussi vainement combattue, compromet les habitans de Nancy, et avec eux tous les libéraux contre lesquels on semble vouloir réunir les preuves matérielles d'une vaste conspiration.

(*Du 8 mars.*) » Plus de deux cents personnes (dit le *Drapeau blanc*), assemblées dans le *Casino de Vincent* savaient et répandaient la nouvelle du crime la veille du jour où elle fut officiellement connue, et M. le préfet et M. le procureur du roi étaient peut-être les seuls qui n'en eussent pas connaissance. Nous pouvons au besoin nous appuyer d'autres circonstances ; nous pourrions même rapporter d'étranges paroles de M. le préfet Séguier, au sujet de l'adresse si noble, si énergique, si française, déposée au pied du trône par M? Séguier, son cousin, premier président de la Cour royale.

» Nous espérons que c'est répondre catégoriquement; et en dépit de *la Renommée*, du maire de Ribecourt, des *chianlits* de Châlons et de M. le procureur du roi de Nancy, *nos remarques subsistent.*

—La ville de Lyon est réduite à réclamer contre un autre journaliste, qui prétend que des *joies atroces* ont brillé sur le visage de ses habitans.

Journal de Parts (*du 27 février*). « Que nos magistrast dédaignent l'insidieuse attaque d'un journaliste de mauvaise foi. Ils ont pour eux l'estime de tous les Lyonnais. qui bénissent chaque jourleur sage et paternelle administration. C'est un rempart contre lequel viennent échouer toutes les atteintes de la calomnie.

» Ce même journaliste ne se contente pas d'en verser le poison sur l'autorité municipale ; il calomnie encore la ville de Lyon toute entière, en disant « qu'elle res-» semble à un port de mer, où l'on rencontre des gens » de tous les pays et de toutes les couleurs ; qu'ils ont » l'attitude fière et menaçante, et que le sourire d'une » joie féroce est sur les lèvres «.

» On n'en a jamais imposé avec plus d'impudence ; il n'y a pas à Lyon plus d'étrangers qu'il n'y en avait avant la nouvelle du crime affreux que déplore aujourd'hui la France. La consternation a été générale, elle l'est encore, et le rédacteur de la *Gazette de Lyon*, dans la douleur dont il est accablé sans doute, comme tous les bons Français, n'aurait pas dû avancer un fait de toute fausseté. Il aurait dû songer qu'il se portait un très-grand préjudice en niant si cruellement l'évidence, puisqu'il a rangé par-là son journal au nombre de *ces écrits perfides qui corrompent l'esprit public*, et qu'il blâme avec raison lui-même ».

Telle était la situation des écrivains libéraux qui sans doute pouvaient avoir des craintes pour leur sûreté personnelle, que tout autorisait peut-être à croire aux signes les plus équivoques, aux récits les plus exagérés. Que l'on jette les yeux sur les lignes suivantes d'un *article communiqué* que publièrent tous les journaux du 25 :

« Plusieurs personnes ont reçu par la poste de » prétendus avis officieux, par lesquels on les pré-» vient qu'il a été porté contre elles des dénoncia-» tions, et qu'elles sont devenues, à raison de leurs » opinions présumées, l'objet de la surveillance des » magistrats.... »

Ainsi non-seulement les accusations, les menaces, les vociférations de tout genre sont dirigées contre les écrivains constitutionnels, mais on suggère, on insinue des indices, des documens. Disons plus : il existait réellement des sujets d'alarmes, de sinistres projets; et sur ce point je m'en réfère à cette séance mémorable de la Chambredes députés, qui fut consacrée à l'examen de la pétition de M. de Monjau, dont tous les détails méritent d'être médités. Trouvera-t-on quelque chose de suspect, ou seulement même d'incertain dans cette pétition, dont la Chambre ordonna le renvoi aux ministres et le dépôt au bureau des renseignemens.

Je me bornerai ici à une considération. Le *Constitutionel* ne fit autre chose que rapporter fidèlement les faits que cette séance avait révélés, et auxquels la voix de tant d'orateurs avait donné une authenticité irrécusable. Cependant jetez les yeux sur ces lignes de la *Quotidienne*.

(*Du 17 avril.*) « La pétition de M. Madier n'est ici que la copie de l'article du *Constitutionnel* qui vient d'être saisi à la requête de M. le procureur du roi; avec cette différence pourtant, que *le conseiller* paraît mieux instruit que le *journal*. M. Madier est assez heureux pour avoir des amis qui, par zèle, vont dans ces sociétés pour écouter ce qu'on y dit, voir ce qu'on y fait, et qui viennent après lui en rendre un compte exact. »

Ajouterai-je à cette assertion de la *Quotidienne* l'aveu suivant du *Journal des Débats*? Il mérite de fixer l'attention :

(*Du 20 avril.*) « Au dire de M. Madier, il existe à Paris un *comité directeur* qui envoie ses instructions à tous ses affidés de province ; et en cela, si nous ne sommes pas d'accord avec M. Madier sur la qualité et sur les intentions des membres de ce comité, *nous convenons avec lui* du moins de leur association et de leur existence. »

L'article suivant du *Constitutionnel* terminera mes citations :

(*Du 11 avril.*) « On a parlé, dans les journaux ultrà, de l'assassinat d'un soldat de la garnison de Paris, et l'on a insinué que ce crime avait été commis par des citoyens. Le général Defrance a fait faire une enquête très-exacte sur les faits, et il en résulte que les deux coups de sabre reçus par ce miltiaire lui ont été portés à la suite d'une rixe avec quelques-uns de ses camarades. Avant de propager des bruits qui peuvent exciter de la désunion entre la garnison de Paris et ses habitans, il nous semble qu'il faudrait en bien constater l'authenticité ; mais c'est ce dont paraissent fort peu se soucier certains journalistes. Pour nous, qui ne voyons dans les militaires et les Parisiens que des Français enfans de la même patrie, nous nous empressons de doener à l'enquête ordonnée par le général toute la publicité possible. »

Maintenant, je le demande, ce que j'ai voulu prouver n'est-il pas démontré jusqu'à l'évidence? Si je m'étais livré à des raisonnemens, on eût pu refuser d'y croire. Vous êtes modéré, maintenant, me dirait-on; mais l'étiez-vous alors? Au lieu qu'en laissant parler les faits, et en reproduisant le texte même des articles où chacun a donné un libre cours à ses sentimens, tous les hommes impartiaux pourraient décider aujourd'hui quels sont les journaux qui ont excité à la guerre civile, de ceux qui ont demandé vengeance ou de ceux qui ont demandé justice; de ceux qui ont dit : Il faut verser des larmes, ou de ceux qui leur ont répondu : Non, c'est dn sang qu'il faut verser.

BIDAULT